Klaus Emmerich

Der Glaube als Geschenk Gottes und freie Tat des Menschen? Analyse der Fragestellung in der Geschichte der Kirche

GRIN Verlag

Bibliografische Information der Deutschen Nationalbibliothek:

Die Deutsche Bibliothek verzeichnet diese Publikation in der Deutschen National-
bibliografie; detaillierte bibliografische Daten sind im Internet über http://dnb.d-
nb.de/ abrufbar.

Impressum:

Copyright © 1992 GRIN Verlag, Open Publishing GmbH
Druck und Bindung: Books on Demand GmbH, Norderstedt Germany
ISBN: 978-3-668-00734-5

Dieses Buch bei GRIN:

http://www.grin.com/de/e-book/301725/der-glaube-als-geschenk-gottes-und-freie-
tat-des-menschen-analyse-der

GRIN - Your knowledge has value

Der GRIN Verlag publiziert seit 1998 wissenschaftliche Arbeiten von Studenten, Hochschullehrern und anderen Akademikern als eBook und gedrucktes Buch. Die Verlagswebsite www.grin.com ist die ideale Plattform zur Veröffentlichung von Hausarbeiten, Abschlussarbeiten, wissenschaftlichen Aufsätzen, Dissertationen und Fachbüchern.

Besuchen Sie uns im Internet:

http://www.grin.com/

http://www.facebook.com/grincom

http://www.twitter.com/grin_com

Theologie im Fernkurs

Hausarbeit zum Grundkurs

Kann der Glaube zugleich Geschenk Gottes und freie Tat des Menschen sein?

Zeigen Sie an einigen Beispielen auf, wie man sich in der Geschichte der Kirche mit dieser Frage auseinandergesetzt hat.

Legen Sie dar, wie man heutigen Menschen einen Zugang zu der Einsicht, dass Gnade und Freiheit einander nicht ausschließen, eröffnen kann.

Erstellung: Klaus Emmerich

Themenausgabe: Oktober 1992

Abgabe der Arbeit: November 1992

Kann der Glaube zugleich Geschenk Gottes und freie Tat des Menschen sein? Zeigen Sie an einigen Beispielen auf, wie man sich in der Geschichte der Kirche mit dieser Frage auseinandergesetzt hat. Legen Sie dar, wie man heutigen Menschen einen Zugang zu der Einsicht, dass Gnade und Freiheit einander nicht ausschließen, eröffnen kann.

Inhaltsverzeichnis

1 Einleitung

Die heutige Zeit ist gekennzeichnet durch Wachstum, ständigen Fortschritt und – zumindest in weiten Teilen Europas – einer demokratischen Staatsordnung. Meinungsfreiheit und nahezu grenzenlose Angebote ermöglichen dem Menschen ein hohes Maß an Selbstentfaltung.

Die Anforderungen des christlichen Glaubens scheinen in krassem Widerspruch zu dieser menschlichen Freiheit zu stehen. So fordert Jesus beispielsweise: "Selig, die arm sind vor Gott; denn ihnen gehört das Himmelreich." (Mt 5, 3). An anderer Stelle verkündet er: "Wer mein Jünger sein will, der verleugne sich selbst, nehme sein Kreuz auf sich und folge mir nach." (Mk 8, 34). Hinzu kommen Gebote der Kirche wie z. B. die regelmäßige Teilnahme am sonntäglichen Gottesdienst. Vor diesem Hintergrund stellen sich drängende Fragen an die Menschen unserer Zeit:

- Wird angesichts so kompromissloser Anforderungen nicht die Freiheit des Menschen verletzt?
- Sind Glaube und Freiheit überhaupt miteinander vereinbar?
- Kann man - angesichts der Ansprüche des Glaubens - noch von Gnade, von Geschenk Gottes sprechen?

Verringerte Anteilnahme der Christen am Kirchenleben scheinen die Nachdrücklichkeit dieser Fragen zu bestätigen (vgl. LB 1, S. 26). Die nachfolgende Arbeit versucht, diese Fragen aus der Sicht christlichen Glaubens zu beantworten.

2 Hingabe im Glauben und Freiheit des Menschen: Vereinbarkeit oder Widerspruch?

2.1 Begriffsklärung

2.1.1 Freie Tat

Freie Tat des Menschen bedeutet die Verfügbarkeit des Menschen über sein Handeln in dieser Welt. Welchen Weg der Mensch auch geht, es ist der von ihm verantwortete und entschiedene Weg.[1]

2.1.2 Christlicher Glaube

Christlicher Glaube ist: Glaube an die Herrschaft Gottes, Annahme Jesu als Sohn Gottes, Anerkennung der Botschaft Jesu als Richtschnur eigenen Handelns (vgl. LB 10, S. 17-19) Die geforderte Nachfolge Jesu in Wort und Tat ist es, die die Frage nach menschlicher Freiheit aktuell bleiben lässt

2.1.3 Geschenk Gottes

Geschenk des Glaubens setzt ein Geben Gottes und ein Empfangen des Menschen voraus. In der heiligen Schrift hat es ein-druckvolle Offenbarungen Gottes gegeben, die von den angesprochenen Menschen als Geschenk empfunden wurden:

Art der Offenbarung	Beispiele aus der heiligen Schrift
Selbstoffenbarung	Brennender Dornbusch, "Ich bin der Ich bin da" (Ex 3, 1 - 15)
Berufung	Bekehrung des Paulus auf dem Weg nach Damaskus (Aug 9, 1-22)
Verkündigung	Bergpredigt als Heilsbotschaft und Verkündigung von Gottes Willen (Mt 5,3 - 7,29)

Paulus hat das Angebot Gottes angenommen und dabei tiefe Erfüllung erfahren (vgl. 2 Kir 1, 12-14). Wir haben auch heute die Möglichkeit, die Bergpredigt Jesu anzunehmen und zu verwirklichen. Dort erst, wo wir Menschen den Zuruf Gottes annehmen, können wir ihn als eine Berufung erfahren, die uns Sinn und Kraft verleiht. Dann erst empfinden wir Gottes Gabe als Geschenk.

2.1.4 Gnade

Kennzeichen der Gnade ist es, dass Gott sich uns Menschen unverdienter Weise und vorbehaltlos zuwendet. In wunderschöner Weise hat dies Thomas von Kempen ausgedrückt:

---

[1] vgl. Körner, Johannes, Lucy Körner Verlag, Stuttgart, 20. Auflage 1984, S. 101 f. und LB 3, S. 34

"Mir selbst überlassen, bleibt bloß Nichts und Schwäche übrig. Wirfst Du mir jedoch einen Blick zu, erstarke ich unversehens, und neue Freude erfüllt mich.

Das bewirkt Deine Liebe. Unverdienter maßen kommt sie mir zuvor, greift mir in zahlreichen Nöten unter die Arme, bewahrt mich vor großer Gefahr, entreißt mich, wortwörtlich, unzähligen Abgründen."[2]

Gottes Gnade wird uns Menschen, sofern wir uns dafür öffnen, in tiefer Gotteserfahrung sichtbar.[3]

2.2 Auseinandersetzung in der Geschichte der Kirche

2.2.1 Aussagen des Neuen Testamentes

Die Bedeutung des Glaubens als Gnadengeschenk verbindet Paulus eng mit dem Recht des Schöpfers, einen Menschen anzurufen oder aber bewusst zu "verstocken". "Nun wirst du einwenden: Wie kann er dann noch anklagen, wenn niemand seinem Willen zu widerstehen vermag? Wer bist du denn, dass du als Mensch mit Gott rechten willst? Sagt etwa das Werk zu dem, der es geschaffen hat: Warum hast du mich so gemacht?" (Röm 9, 19-20).

Im Gegensatz zu Paulus, der die Befähigung zum Glauben ausschließlich Gott zuspricht, erkennt Johannes die Entscheidungsfreiheit des Menschen an. "Wer an seinem Leben hängt, verliert es; wer aber sein Leben in dieser Welt gering achtet, wird es bewahren bis ins ewige Leben. Wenn einer mir dienen will, folge er mir nach; und wo ich bin, dort wird auch mein Diener sein. Wenn einer mir dient, wird der Vater ihn ehren." (Joh. 12, 25-26).

Aus heutiger Sicht erscheint der Erklärungsversuch des Johannes zum Glauben geeigneter. Wäre nicht alle Mühe unseres Lebens, Liebens und Wirkens sinnlos, wenn wir nicht als Antwort auf Gottes Gnade aus freier Entscheidung glauben und gestalten könnten? (vgl. LB 10, S. 22)

2.2.2 Zeit des Augustinus

Die Zeit des Augustinus war ebenfalls gekennzeichnet von einer Auseinandersetzung über den Anteil der Gnade Gottes einerseits und der Freiheit des Menschen am Glauben andererseits. Während der Mönch Pelagius die Gnade Gottes im Vorbild Jesu und der allgemeinen Vergebung der Sünden sah, setzte Augustinus zusätzlich die Vorherbestimmung des Menschen durch die Gnade Gottes voraus.

---

[2] Kempen, Nachfolge Christi, Benzinger Verlag, Zürich, 4. Auflage 1979, S. 128
[3] vgl. Riehle, Die Wolke des Nichtwissens, Johannes Verlag, Einsiedeln, 2. Auflage 1983, S. 53 f.

	Pelagius	Augustinus
Gottes Gnade	Jesu Vorbild	Jesu Vorbild
	Vergebung der Sünden	Vergebung der Sünden
		Gottes Gnadenhilfe für gute Werke
Menschlicher Anteil	Nachfolge Christi in freier Entscheidung	keiner
Schluss	Der Mensch gestaltet seine Seligkeit mit, keine helfende Gnade	Die letzte Seligkeit des Menschen ist von Gott vorherbestimmt

Einige Aussagen des Augustinus über Glaube und Gnade, die eine große Demut und Dankbarkeit ausdrücken, können uns auch heute noch tief anrühren.[4] Die daraus gefolgerte Lehre von dem durch Gott vorherbestimmten Schicksal des Menschen lehnte das Konzil von Orange im Jahre 529 jedoch berechtigt ab (vgl. LB 10, S. 23-24).[5]

2.2.3 Erklärungsversuch des Thomas von Aquin

Thomas von Aquin verstand den Glauben als freie Tat des Menschen. Stets ist die innere Seele des Menschen im Glauben auf Christus und das ewige Leben hin ausgerichtet. Dabei wirkt Gott im Verborgenen durch seine Gnade mit. (vgl. LB 10, S. 24).

2.2.4 Martin Luthers Deutung aus reformatorischer Sicht

Die Gnade des Glaubens besteht nach Luther in Christus, der unsere Sünden vergeben kann. Keine Gebote und Verbote dürfen die persönliche Begegnung des Menschen mit Gott verstellen. Insofern handelt der Mensch frei, ausschließlich im unmittelbaren Dienst an Gott (vgl. LB 15, S. 55 f.).[6]

2.2.5 Wertung der kirchengeschichtlichen Ansätze, mögliche Gemeinsamkeiten

Trotz aller unterschiedlichen Positionen in der Kirchengeschichte zu Gnade bzw. Geschenk und Freiheit stellt sich die Frage, ob nicht doch grundlegende Gemeinsamkeiten erkennbar sind, die für die heutige Zeit von Bedeutung sein könnten.

So sprechen viele Christen von Gottes Geist, der unsere Herzen und unser Wirken lenkt, sofern wir uns (in Freiheit) dem Glauben an Gott öffnen. Der bekannte Mystiker Meister Eckehart spricht davon, dass Gott im Inneren unserer Seele wohnt. Dort können wir Menschen

---

[4] vgl. Augustinus, Das religiöse Leben, Verlag Ars Sacra, München, 1. Auflage 1954, S. 173 f., Einige Zitate mögen das Geheimnis der Gnade - wie von ihm verstanden - näher bringen:
"Hörst du das Wort "Gnade", so verstehe darunter: reines Geschenk."; "Im Glauben wandelnd, wandeln wir in der Gnade."; "Aus Gnade sind wir gerettet."
[5] vgl. Neuner, Roos, Der Glaube der Kirche, Verlag Friedrich Pustet, Regensburg, 12. Auflage 1986, S. 485 ff.
[6] vgl. Luther, Ausgewählte Schriften, Erster Band, "Von der Freiheit eines Christenmenschen", Insel Verlag, Frankfurt, 1. Auflage, 1982, S. 243 ff.

uns Gott (freiheitlich) hingeben.[7] Beide Thesen verdeutlichen, dass uns Menschen eine göttliche Natur eingegeben ist (Gnade), die unserem Leben Sinn und Freude verleihen kann. Die Freiheit bestünde in diesem Sinne in der Offenlegung dieser Natur. Was wir tun, steht jedoch unter dem verborgenen Schutz bzw. der verborgenen Lenkung Gottes.

2.3 Erklärungsversuch für die Menschen der heutigen Zeit

2.3.1 Kennzeichnung des heutigen Menschen

Der heutige Mensch ist - im Gegensatz zu allen vergangenen Jahrhunderten - in eine Welt der Technik, der Wissenschaft, der Informationsvielfalt und der Bildung hineingewachsen. Diese Umgebung hat sein Weltbild radikal verändert. Besonders deutlich wird dies dort, wo der Mensch scheinbar in die verborgenen Geheimnisse Gottes vordringt. Raumfahrt, Gentechnologie und "Leihmütter" für ungeborenes Leben sind Beispiele für diese Entwicklung. Nicht mehr Gott (und durch ihn die Natur), sondern frei gestaltende Menschen scheinen die Welt zu beherrschen.[8]

2.3.2 Selbstverwirklichung als freie Tat

Die Freiheit des Menschen zeichnet sich auch durch vielfältigste Informations-, Freizeit- und Entwicklungsangebote aus. Aus diesen kann er in freier Verantwortung auswählen. Dabei ist beobachtbar, dass der Mensch in der Gestaltung seines Lebens auf der Suche nach Selbstverwirklichung ist, nach seiner persönlichen Identität.

Glaubensangebote werden teilweise aus der Angst abgelehnt, sie könnten die persönliche Entwicklungsfreiheit einschränken. Dies geschieht selbst dort, wo sich Menschen aus humanistischer Weltsicht in beeindruckender Weise für ihre Mitmenschen einsetzen (vgl. LB 1, S. 17 ff.). Es stellen sich die Fragen:

- Ist die Angst vor einer Unfreiheit im Glauben wirklich berechtigt?
- Welche Antwort können wir Christen den Menschen unserer Zeit angesichts dieser Bedenken geben?

2.3.3 Glaube als gnadenvolles Angebot Gottes

Glaube wird auch in der heutigen Zeit auf eindrucksvolle Weise erfahren. Das Buch über die sterbende 16-jährige Petra zeugt von einer tiefen Glaubenserfahrung. Gerade durch das Schicksal ihrer unheilbaren Krankheit gewann sie ihren persönlichen Glauben, begegnete sie Gott:

---

[7] vgl. Eckehart, Deutsche Predigten und Traktate, Carl Hanser Verlag, München 1963, S. 325 f.
[8] vgl. Rahner, Glaubst Du an Gott?, Verlag Ars Sacra, München, 1. Auflage 1967, S. 54-58, vgl. auch LB 1, S. 14

"Wenn ich so furchtbare Schmerzen gehabt habe, so war ich manchmal im Konflikt mit dem Himmel, mit Gott. darum schickst Du mir das? Was kann ich dafür? Dann habe ich mir gedacht: Leiden kann sicher nichts Schlechtes sei, denn sonst hätte Gott seinen eigenen Sohn nicht so leiden lassen. Irgendwann habe ich eine Antwort auf meine Fragen, wenn ich einfach bereit bin, wenn ich da bin und ja sage. Der Herr wird mich und meine Leiden schon so brauchen. und dann sage ich Jesus, Jesus, Jesus ..."[9]

Das Bekenntnis dieses jungen Mädchens zeigt uns, dass Gott sich auch heute uns Menschen in persönlicher Begegnung schenkt. Möglichkeiten hierfür gibt es auch heute genug, sei es durch:

- das Durchleben eines besonderen Schicksals (Petra)
- die Begegnung Jesu in guten Menschen
- das Erleben Gottes in der Natur
- die Versenkung in Gebet und Meditation[10]
- Das Lesen von Botschaften der heiligen Schrift
- Die Teilnahme an der Gemeinschaft der Eucharistie

Diese Glaubenserfahrung kann in tiefster Form zu einer unmittelbar erlebten Gottesbegegnung werden. Hier wird die Annahme einer Existenz Gottes zur Gewissheit, die das Leben trägt.

2.3.4 Bejahung des Glaubens in Freiheit, Konsequenz von Betroffensein und liebender Hingabe

Erschütternde Beispiele aus der heiligen Schrift erzählen davon, wie Menschen von Gott radikal angerufen wurden, völlig gegen ihre persönlichen Bedürfnisse gerichtet. Von Abraham forderte Gott das Leben seines einzigen Sohnes (Gen 22, 1-19). Martha sollte sich, den Tod ihres Bruders Larzarus vor Augen, zu Jesus als Sinnbild ewigen Lebens bekennen (Joh 11, 17-27). Von den Jüngern erwartete Jesus dass sie sofort Arbeit und Familie verließen, um ihm nachzufolgen (Mt 4, 18-22).

Aus christlicher Sicht bedeutet dies ein bedingungsloses "Ja" zum Aufruf Gottes, ein bedingungsloser Vollzug unseres Glaubens, ein rücksichtsloses Aufgeben eigener Vorstellungen. Wo aber ist der Schlüssel, der all unsere Sorgen und Ängste gegen eine zu starke Bindung bzw. Einengung unseres Lebens durch den Glauben bewältigen hilft?

---

[9] vgl. Frenes, Spuren eines jungen Lebens, Petra Kuntner, Maristen Druck und Verlag GmbH, 6. Auflage o.J., S. 27

[10] Pater Anthony de Mello, ein indischer Exerzitienmeister gibt dem Christen auf einfache Weise Hilfestellung, wie Gott durch Meditation in der Natur, durch persönliche Wahrnehmung oder Phantasie unmittelbar erfahrbar werden kann. Besonders sind zum Einstieg die Übungen 6, 7 und 10 zu empfehlen, vgl. de Mello, Meditieren mit Leib und Seele, Verlag Butzer & Becker Kevelaer, Kevelaer, 5. Auflage 1991, S. 47 - 50 und 61 - 65.

Zunächst einmal ist es die Betroffenheit von Lehre und Wirken Jesu. Lassen wir Menschen uns intensiv auf seine Botschaft ein, so wird unser Herz unweigerlich berührt, dann zählt nicht mehr ausschließlich unsere Verantwortung im Glauben, sondern unsere Liebe. Jesus selber sagt: "Wie mich der Vater geliebt hat, so habe ich euch geliebt. Bleibt in meiner Liebe." (Joh 15, 9). Heute können wir als Botschaft zu den Menschen unserer Zeit sagen: Die Liebe zu Gott und zu seinem Sohn Jesus Christus wird unsere Sehnsucht mehren. Sie wird uns geradezu danach dürsten lassen, Gottes Willen zu erfüllen. Spätestens dann, wenn wir selber die Erfüllung des Gottesreichs auf Erden und unsere Teilhabe daran wünschen, vereinen sich Glaube und menschliche Freiheit Dann sind Anforderungen des Glaubens und das tiefste Streben unserer Seele eins. Dann können wir von Gnade, von einem Geschenk Gottes sprechen.

Dag Hammarskjöld hat diese Erkenntnis in wenige zentrale Worte gefasst: "Ich bin das Gefäß. Gott ist das Getränk. Und Gott der Dürstende."[11]

In der heiligen Schrift wurde die Hingabe der Menschen an Gottes Willen reichlich belohnt: Abraham erhielt die Zusage einer zahlreichen Nachkommenschaft, Marthas Bruder wurde wieder zum Leben erweckt, und die Jünger Jesu erlebten seine ständige Nähe.

Mögen die Taten Gottes heute vielleicht verborgener sein, so ist dennoch erfahrbar, wie Menschen durch ihr bedingungsloses "Ja" von Gott gnadenvolle Kraft für ihren Weg erhielten. Petra belegte ihre Kraft in den letzten beiden Monaten vor ihrem Tode durch eine bemerkenswerte Hingabe an Gott und ein grenzen-loses Vertrauen. "Was würdet ihr tun, was würdet ihr antworten, wenn man euch sagen würde, dass ihr noch einen Tag zu leben hättet? Würdet ihr etwas Besonderes tun?" Ihre eigene Antwort auf diese Frage lautete: "WEITERHIN JA SAGEN".[12] In seiner Gefängniszelle schrieb Dietrich Bonhoeffer neun Monate vor seiner Hinrichtung die "Stationen auf dem Wege zur Freiheit", Worte, die tiefe Betroffenheit auslösen. Diese Zeilen, die nur ausschnittsweise dargestellt werden können, kann ein Mensch nur im tiefsten Einverständnis seiner Seele schreiben.

> "Nicht das Beliebige, sondern das Rechte tun und wagen, / nicht im Möglichen schweben, das Wirkliche tapfer ergreifen, / nicht in der Flucht der Gedanken, allein in der Tat ist die Freiheit. Tritt aus ängstlichem Zögern in den Sturm des Geschehens, / nur von Gottes Gebot und deinem Glauben getragen, / und die Freiheit wird deinen Geist jauchzend empfangen. Nur einen Augenblick berührtest du selig die Freiheit, / dann übergabst du sie Gott, damit er sie herrlich vollende."[13]

---

[11] Hammarskjöld, Zeichen am Weg, Droemersche Verlagsanstalt Th. Knaur Nachf., München/Zürich 1. Auflage 1965, S. 54.
[12] Frenes, a.a.O., S. 41
[13] Dietrich Bonhoeffer, Widerstand und Ergebung, Gütersloher Taschenbücher Siebenstern, Gütersloh, 13. Auflage 1985, S. 184 f.

In der Gewissheit, dass Gott selbst in schwierigsten, schicksalhaften Lebenssituationen seinen Beistand leistet, gewinnen wir Menschen Vertrauen. Dann brauchen wir auch keine Angst mehr vor den Folgen einer "zu engen" Glaubensbindung zu haben.

So wie die Liebe zu unserem Ehepartner und unseren Kindern die Sorge um unsere persönliche Freiheit überwinden hilft, so wird eine tiefe Liebe zu Gott uns im Alltag tragen. Seine Wünsche werden dann unsere eigenen.

3   Ausblick: Erfüllung menschlichen Lebens, Folge der Gnade Gottes

Im Verlauf dieser Arbeit wurde dargelegt, dass menschliche Freiheit und der Glaube als Geschenk Gottes einander nicht ausschließen. Trotzdem taucht die Frage auf:

Warum eigentlich fordert Gott von uns diese bedingungslose Hingabe?

Jesu Botschaft ist primär eine Botschaft vom Reich Gottes, das durch ihn bereits angebrochen ist. (LB 5, S. 16 f.) Gottes Wunsch ist unsere persönliche Teilhabe an diesem Gottesreich, in Gemeinschaft mit Jesus Christus (LB 5, S. 22 ff.). Diese Gemeinschaft mit Gott und seinem Sohn ist unsere Bestimmung, unser Ziel auf Erden. Wer diese Bestimmung annimmt, in Wort und in Tat umsetzt, dessen Sehnsucht wird gestillt. Ein solcher Christ wird in seinem Leben tiefe Erfüllung erfahren.

4 Abkürzungsverzeichnis

a.a.O	an angeführtem Orte
Aug	Apostelgeschichte
bw.	bitte wenden
bzw.	beziehungsweise
f.	folgende
ff.	mehrere folgende
Gen	Genesis
Joh	Johannes
Kir	Korinther
LB	Lehrbrief des Grundkurses
Mk	Markus
Mt	Matthäus
o.J.	ohne Jahresangabe
Röm	Römer
S.	Seite
usw.	und so weiter
vgl.	vergleiche
z.B.	zum Beispiel

5 Literaturverzeichnis

Hl. Augustinus, Das religiöse Leben, Verlag Ars Sacra, München, 1. Auflage 1954

Dietrich Bonhoeffer, Widerstand und Ergebung, Gütersloher Taschenbücher Siebenstern, Gütersloh, 13. Auflage 1985

Anthony de Mello, Meditieren mit Leib und Seele, Verlag Butzer & Becker Kevelaer, Kevelaer, 5. Auflage 1991

Meister Eckehart, Deutsche Predigten und Traktate, Carl Hanser Verlag, München 1963

Alfred Frenes, Spuren eines jungen Lebens, Petra Kuntner, Maristen Druck und Verlag GmbH, 6. Auflage o.J.

Dag Hammarskjöld, Zeichen am Weg, Droemersche Verlagsanstalt Th. Knaur Nachf., München/Zürich, 1. Auflage 1965
Thomas von Kempen, Nachfolge Christi, Benzinger Verlag, Zürich, 4. Auflage 1979

Heinz Körner, Johannes, Lucy Körner Verlag, Stuttgart, 20. Auflage 1984

Martin Luther, Ausgewählte Schriften, Erster Band, "Von der Freiheit eines Christmenschen", Insel Verlag, Frankfurt, 1. Auflage 1982

Josef Neuner, Heinrich Roos, Der Glaube der Kirche, neubearbeitet von Karl Rahner und Karl-Heinz Weger, Verlag Friedrich Pustet, Regensburg, 12. Auflage 1986

Karl Rahner, Glaubst Du an Gott?, Verlag Ars Sacra, München, 1. Auflage 1967

Wolfgang Riehle, Die Wolke des Nichtwissens, Johannes Verlag, Einsiedeln, 2. Auflage 1983